PROGRAMMES

DES CONNAISSANCES EXIGÉES

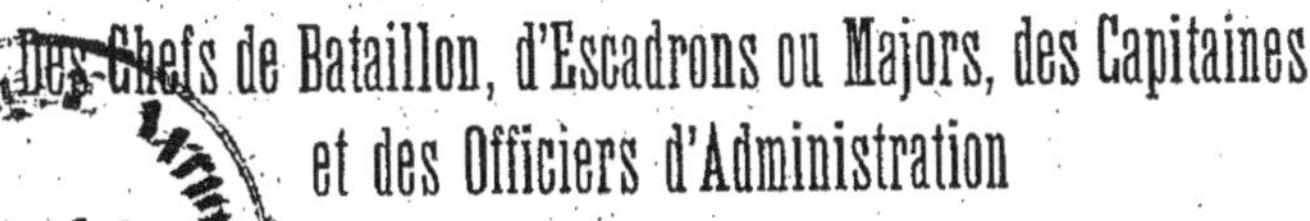

Des Chefs de Bataillon, d'Escadrons ou Majors, des Capitaines et des Officiers d'Administration

PROPOSÉS

POUR ENTRER DANS LE CORPS DE L'INTENDANCE MILITAIRE

13 Mai 1905

PARIS

Henri CHARLES-LAVAUZELLE

Éditeur militaire

10, Rue Danton, Boulevard Saint-Germain, 118

(MÊME MAISON A LIMOGES)

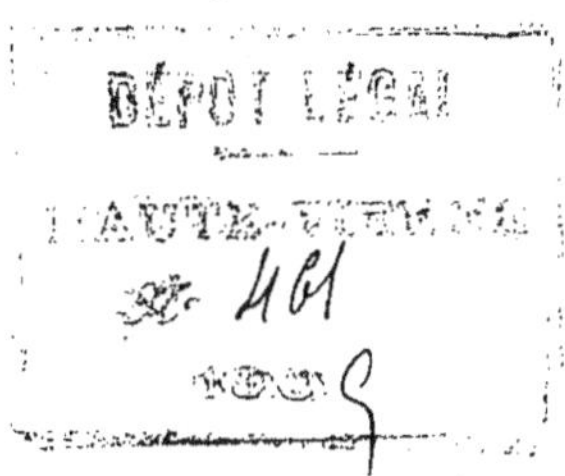

PROGRAMMES

DES CONNAISSANCES EXIGÉES

Des Chefs de Bataillon, d'Escadrons ou Majors, des Capitaines et des Officiers d'Administration

PROPOSÉS

POUR ENTRER DANS LE CORPS DE L'INTENDANCE MILITAIRE

SOMMAIRE

	Pages.
Ouvrages à consulter	5
Instruction réglant les conditions d'admission dans le corps de l'intendance militaire	15
Programmes des connaissances exigées	22

OUVRAGES A CONSULTER

POUR LA PRÉPARATION DES EXAMENS

Pour l'admission dans le Corps de l'Intendance militaire

Tous ces ouvrages sont publiés par la Librairie militaire Henri CHARLES-LAVAUZELLE, 118, boulevard Saint-Germain, rue Danton, 10, Paris.

Sujets des compositions écrites données pour les concours d'admission dans le corps de l'Intendance militaire depuis 1881. — Brochure in-8° » 50

La France économique et l'armée, par l'intendant général DELAPER-RIERRE, ancien élève de l'Ecole polytechn'que, président du Comité technique de l'Intendance. — Fort volume grand in-8° de 612 pages avec 22 cartes, diagrammes ou graphiques...................................... 12 »

Le but de ce volume est un examen approfondi des ressources que la France doit mettre en œuvre, qu'elles lui soient fournies par l'agriculture ou l'industrie nationales, ou qu'elles proviennent des rapports économiques du pays avec les nations étrangères. Trois chapitres principaux le composent.

Avant tout, il importait que chacun pût se pénétrer des règles générales qui régissent la production, la répartition et l'emploi des ressources ; c'est l'exposé des principes essentiels de *l'économie politique*.

Il fallait, en outre, afin de donner confiance dans les documents qui indiquent quelle est, sur chaque point l'importance des divers produits. faire connaître au moyen de quelles enquêtes ces documents sont établis ; c'est l'étude de la *Statistique.*

Dès lors. il a été possible de présenter. pour les divers objets nécessaires à l'entretien de l'armée. l'exposé des ressources du pays. de les comparer à celles des nations voisines, et d'en tirer, au point de vue militaire, toutes conclusions utiles ; c'est la *Géographie économique.*

La France administrative et l'armée, par l'intendant général DELAPER-RIERRE. ancien élève de l'Ecole polytechnique, président du Comité technique de l'Intendance. — 2 forts vol. grand in-8° de 560 et 752 pages.. 16 »

Cet ouvrage fait connaître les divers rouages de la vaste administration du pays et, particulièrement, expose le rôle et les attributions des personnels qui ont une part dans cette administration.

Ces personnels sont peu connus de l'armée, et cependant, à chaque instant, les militaires des divers grades peuvent avoir à entrer en relations avec tel ou tel d'entre eux.

Alimentation et ravitaillement des armées en campagne. *Cours d'administration en temps de guerre et de manœuvres,* professé à l'Ecole supérieure de guerre en 1896-1897, par M. PEYROLLE, sous-intendant militaire de 1re classe. — Volume in-8° de 622 pages, avec 30 dessins figuratifs et 20 tableaux récapitulatifs... 10 »

Cet important travail résume dans un sens pratique les nombreux règlements et les instructions souvent manuscrites qui traitent de l'organisation administrative de nos troupes et services de campagne ; i' v se notamment la constitution, la place et l'emploi des trains régimentaires, des convois administratifs, des boulangeries, des échelons de bétail. le fonctionnement du service des étapes, l'utilisation pour ce service si important des stations-magasins, des en-cas mobiles, des chemins de fer et canaux, des convois auxiliaires et éventuels.

L'Armée française : Organisation, par l'intendant général E. DELAPER-
RIERRE, ancien élève de l'Ecole polytechnique.
2 vol. grand in-8º, 880 et 512 p. .... 16 »

L'Armée française — Administration, temps de paix, par l'intendant
général DELAPERRIERRE, ancien élève de l'Ecole polytechnique.
2 vol. grand in 8º, de 710 et 656 p. .... 16 »

Nouveaux Codes français et lois usuelles, civiles et militaires. Recueil spécialement destiné à l'armée. (14ᵉ mille). — Volume in-12 de 1138
pages, relié pleine toile gaufrée, titre or............................ 5 »
Ouvrage honoré d'une souscription du ministère de la guerre.

Principes de droit criminel, administratif et de médecine légale par
demandes et par réponses, par F. PELLEGRY, lieutenant de gendarmerie,
gradué en droit. — Volume in-18 de 192 pages..................... 2 »

De la responsabilité civile et pénale des comptables des corps de
troupe et des services administratifs de l'armée, par A. BOUCHIÉ DE BELLE,
avocat au Conseil d'état et à la Cour de cassation, sous intendant militaire
de 3ᵉ classe du cadre auxiliaire. — Brochure in-8º de 56 pages...... 1 50

De la responsabilité civile des fournisseurs de l'armée, par
A. BOUCHIÉ DE BELLE, avocat au Conseil d'état et à la Cour de Cassation,
sous-intendant militaire de 3ᵉ classe du cadre auxiliaire. — Br. in-8º de
48 p... 1 »

Memento militaire. Répertoire analytique alphabétique des lois, décrets,
décisions, circulaires, instructions concernant l'armée, insérés au *Bulletin
officiel,* ou publiés sous la forme manuscrite à l'usage des services et établissements de la guerre. des états-majors, des corps de troupe de toutes
armes et des administrations publiques par J. Saumur, ※, ⚜, officier d'administration principal d'état-major (8ᵉ édition, revue, augmentée et mise à
jour jusqu'en février 1905). — Vol. in-4º de 636 p., br., 10 »; relié pleine
toile gaufrée... 12 »

**Code de législation et d'administration militaires en vue du temps
de guerre,** par Ch. LASSALLE. officier d'administration de 1ʳᵉ classe d'état-
major. — 2 vol. in-8º de 872 et 940 pages, reliés.................... 16 »
L'achat de cet ouvrage, à raison de deux exemplaires pour les corps de l'armée active constitués en régiment. et d'un exemplaire pour ceux constitués en bataillons. escadrons, compagnies
ou sections, est autorisé au compte de la masse d'habillement et d'entretien (fonds commun),
suivant note ministérielle du 23 juillet 1874 (*B. O.*, P. S., nº 29).

**Cours d'administration à l'usage des candidats à l'Ecole d'adminis-
tration militaire,** par V. LAVAUD, officier d'administration de 2ᵉ classe des
services de l'état-major et du recrutement, à l'état-major du 4ᵉ corps
d'armée. — Vol. in-8º de 254 pages................................. 5 »

Organisation de l'armée.

1ʳᵉ PARTIE. *Organisation générale.* (Loi du 24 juillet 1893.) Division militaire
du territoire. Places fortes. Défenses des côtes. Etat-major général. Service d'état-major. Archivistes des bureaux d'état-major. (Edition mise à
jour des textes en vigueur jusqu'en août 1901.) — Volume in-8º de 288 p.,
avec tous les modèles. broché, 2 25; relié pleine toile gaufrée...... 3 25

2ᵉ PARTIE. *Cadres et effectifs* (Loi du 13 mars 1875). Dispositions générales.
Troupes (armée active). Dispositions générales et dispositions particulières
à chaque arme. Armée territoriale. Armée coloniale. (Edition mise à jour
des textes en vigueur jusqu'en juin 1904. — Volume in-8º de 304 pages
avec de nombreux tableaux, cartonné................................. 2 50

Loi du 15 juillet 1889, sur le recrutement de l'armée, modifiée par
les lois des 6 novembre 1890, 2 février 1891, 11, 19 juillet. 11 novembre,
26 décembre 1892, 30 juillet, 14 août 1893, 13 juillet 1894, 13 juillet 1895,
13 mars 1896, 24 mars. 1ᵉʳ mai 1897, 26 mars, 13 et 20 avril 1898 (16ᵉ édition, annotée et mise à jour jusqu'en avril 1904). — Brochure in-8º de
64 pages.. » 50

Dictionnaire du recrutement, contenant tout ce qui est relatif au recrutement, à l'administration des réserves et de l'armée territoriale et aux réquisitions (armées de terre et de mer) (3e édition, revue, considérablement augmentée et mise à jour), par J. SAUMUR, ✳, ⚜, officier d'administration principal d'état-major.

Tome Ier. — Vol. in-8° de 1.184 p., br.............................. 10 »
    Relié toile... 12 »
Tome II. — Vol. in-8° de 704 p., br.............................. 6 »
    Relié toile... 7 50

(L'achat de cet ouvrage par les corps de troupe a été autorisé par décisions du 29 juin 1900 de M. le Ministre de la guerre et du 29 septembre 1900 de M. le Ministre de la marine.)

Décrets, circulaires et notes ministérielles relatifs aux **engagements volontaires** et aux **rengagements** (armée de terre et armée de mer, équipages de la flotte, armée coloniale (8e édition). — Vol. in-8°....... 1 25

Loi du 18 mars 1889, relative au **rengagement des sous-officiers,** modifiée par les lois des 6 janvier 1892, 25 juillet 1893 et 13 juillet 1894, suivie de la loi du 6 février 1897 et des dispositions interprétatives de ces diverses lois (9e édition annotée et mise à jour, 1902). — Br. in-8° de 136 p....... 1 »

Lois et décisions concernant les **sous-officiers, caporaux, brigadiers et soldats rengagés ou commissionnés** (5e édition). — Volume in-8° de 384 pages..................................... 3 »

L'achat de cet ouvrage au complet de la masse d'habillement et d'entretien (fonds commun) et à raison de deux exemplaires par régiment et d'un exemplaire par bataillon, escadron, compagnie ou section formant corps, a été autorisé par décision de M. le Ministre de la guerre du 6 novembre 1895 (B. O., P. S., n° 37, p. 200).

Par décision du 8 janvier 1896, M. le Ministre de la marine a autorisé l'achat de cet ouvrage sur les fonds de la masse générale d'entretien 2e portion).

Dictionnaire de la France au point de vue militaire, mis en concordance avec la nouvelle répartition établie par la création du 20e corps, à l'usage des états-majors de corps d'armée, de division et de subdivision, des bureaux de l'intendance et du recrutement, des officiers comptables, des officiers de gendarmerie, des fonctionnaires de la marine, des bureaux militaires des préfectures, sous-préfectures et mairies, par H. PIERROT, capitaine au 81e régiment d'infanterie. — Volume in-4° de 76 pages. 2 »

Etat des officiers. — Conseils d'enquête (armée active, réserve, armée territoriale) (6e édition). — Brochure in-8° de 80 pages.............. 1 »

Recueil des ordonnances, décrets, décisions, circulaires, instructions, notes et modèles relatifs au **mariage des officiers,** par GENOUX, capitaine trésorier de gendarmerie, 5 édition, annotée et mise à jour). — Brochure in-8° de 62 pages................................... 1 25

Décorations (édition mise à jour des textes en vigueur jusqu'au 1er mai 1896. — Volume in-8° de 108 pages, broché, 1 »; relié pleine toile gaufrée... 1 75

Recueil des documents officiels concernant les décorations (Légion d'honneur, médaille militaire, croix de juillet, médailles commémoratives, médaille coloniale, décorations universitaires, mérite agricole, médaille de sauvetage, médaille d'honneur, médaille forestière, médaille douanière, décorations des protectorats, décorations étrangères), suivi des *décrets et instructions relatifs aux demandes et aux conditions d'admission dans les établissements de Saint-Denis, Ecouen et Les Loges,* par J. SAUMUR, ✳, ⚜, officier d'administration principal d'état-major. — Volume in-8° de 400 pages .... 5 »

Ouvrage honoré d'une souscription des ministères de la guerre et de la justice.

Emplois civils réservés aux officiers, par J. SAUMUR, ✳, ⚜, officier d'administration principal d'état-major, 2e édition. — Volume in-8° de 380 pages, relié pleine toile gaufrée, titre noir et rouge.............. 5 »

Ouvrage honoré d'une souscription du ministère de la guerre.

Emplois civils (édition mise à jour des textes en vigueur jusqu'au 20 août 1903. — Volume in-8° de 210 pages, cartonné........................ 1 25

Décret du 29 mai 1902, portant règlement d'administration publique et relatif aux **emplois réservés aux anciens militaires gradés** comptant au moins cinq ans de services. Brochure in-8° de 32 pages...... » 30

Manuel du service des pensions (lois et règlements) suivi de l'instruction générale pour son application (édition mise à jour des textes en vigueur jusqu'au 1er mai 1904). — Volume in-8° de 414 pages avec tableaux, tarifs et modèles, cartonné.................................... 3 »

Pensions et secours, par J. SAUMUR, ✳, ✲, officier d'administration principal d'Etat-major. Recueil des lois, décrets circulaires et décisions relatifs aux pensions militaires et aux pensions civiles, aux gratifications permanentes et renouvelables, aux secours permanents et éventuels, ainsi qu'aux secours accordés sur la caisse des offrandes nationales, sur la caisse de la Légion d'honneur, etc, etc. 2ᵉ édition. — Vol. in-8° de 500 p. 5 »

Instruction ministérielle du 27 août 1886, relative aux **demandes de secours,** modifiée le 1ᵉʳ août 1890. — Broch. in-32 de 64 pages...... » 50

Manuel des pensions de retraite des officiers, sous-officiers, brigadiers, caporaux, soldats ou gendarmes, **et des pensions aux veuves et secours aux orphelins,** mis en concordance avec l'instruction générale du 23 mars 1897, avec tarifs, annotations, explications et tableaux (9ᵉ édition, annotée et mise à jour). — Brochure in-8° de 72 pages........ 1 »

Instruction ministérielle du 6 novembre 1875, relative à la délivrance des **congés de réforme.** suivie des dispositions concernant les visites des hommes en jouissance de la gratification de réforme renouvelable (édition annotée et à jour). — Brochure in-18 de 36 pages.............. » 60

Code de justice militaire pour l'armée de terre, annexes, formules et modèles (édition mise à jour des textes en vigueur jusqu'au 1ᵉʳ avril 1904). — Volume in-8° de 260 pages, cartonné.................... 2 »

Code-manuel de justice militaire pour l'armée de terre, annoté d'après la jurisprudence de la Cour de cassation et des conseils de revision; suivi d'une tenue d'audience très complète à l'usage des présidents et juges des conseils de guerre: des codes criminels: des dispositions concernant les exécutions militaires; de la loi du 15 juillet 1889 sur le recrutement de l'armée; d'un formulaire contenant toutes les formules nécessaires aux officiers de police judiciaire et aux présidents (3ᵉ édition). — Volume in-32 de 416 pages, cartonné 1 50; relié pleine toile gaufrée.. 2 »

Instruction du 23 juillet 1894 pour l'exécution des dispositions du Code civil et des divers décrets et ordonnances applicables aux militaires de toutes armes, modifié par la décision ministérielle du 3 mars 1897, suivie de trois annexes. de nombreux modèles et complétée par cinq appendices comprenant 152 lois, circulaires, décisions ou décrets relatifs aux **actes de l'état civil et aux droits civils et politiques des militaires** (3ᵉ édition, revue et augmentée). — Volume in-8° de 264 pages..... 3 »

Ouvrage honoré d'une souscription des ministères de la guerre et des colonies et dont l'achat au compte de la masse d'habillement et d'entretien (fonds commun) est autorisé par décision ministérielle du 19 mars 1895 (*B.O.*, p. s., n° 13, page 280).

Loi du 8 juin 1893, relative aux **actes de procuration, de consentement et d'autorisation** dressés aux armées ou dans le cours d'un voyage maritime. et **loi du 8 juin 1893, portant modification de** dispositions du Code civil relatives à **certains actes de l'état civil et aux testaments** faits soit aux armées, soit au cours d'un voyage maritime. — Brochure in 8°................................... » 30

Des actes conservatoires des intérêts civils des militaires aux armées. Lois du 8 juin 1893, relatives aux actes de procuration, de consentement et d'autorisation et aux testaments dressés aux armées, par L. Roncin, attaché de 1ʳᵉ classe du cadre auxiliaire de l'intendance, licencié en droit. — Brochure in-8⁰ de 28 pages........................... » 75

Loi sur l'administration de l'armée, promulguée le 16 mars 1882. Texte rectifié en vertu des dispositions de la loi du 1ᵉʳ juillet 1889 (autonomie complète du service de santé), (3⁰ édition annotée). — Br. in-8⁰...... » 50

Décret du 10 février 1890, portant règlement pour l'exécution de la loi du 16 mars 1882, en ce qui concerne le **service de l'intendance militaire**. — Fascicule in-8⁰........................... » 15

Instruction du 23 mars 1897, pour l'application du décret du 10 février 1890 portant règlement pour l'exécution de la loi du 16 mars 1882, en ce qui concerne le **service de l'intendance militaire**. — Volume in-8⁰ de 120 pages, avec annexes, tableaux et modèles, *franco*.............. 1 »

Décret du 25 novembre 1889, portant règlement sur le **service de santé de l'armée à l'intérieur**.
Texte à jour en février 1905. Volume in-8⁰ de 568 pages cartonné. 4 »
Modèles à jour au 31 décembre 1901. Volume in-8⁰ de 614 pages broché 5 00, relié toile....................... 6 50

Comptabilité générale et marchés. Dispositions générales et diverses. (Volume arrêté à la date du 1ᵉʳ août 1903.) 152 pages, cart. 1 25

Comptabilité générale et marchés. Règlement du 3 avril 1869 et **instruction** pour l'application de ce **règlement** (texte). (Volume arrêté à la date du 1ᵉʳ août 1903.) 206 pages, cartonné................... 1 50

Modèles. (Volume mis à jour jusqu'en février 1904.) 136 p., cartonné 1 25

Nomenclature des pièces à produire à l'appui des ordonnances ou mandats et **analyse du mode d'administration, de comptabilité et de payement** des divers services. (Volume arrêté à la date du 1ᵉʳ août 1903.) 250 pages, cartonné....................... 2 »

Règlement sur le casernement. Décret du 3 mars 1899 (à jour jusqu'en juillet 1903). 190 pages, cartonné.................... 1 50

Règlement pour l'exécution du service des lits militaires à partir du 1ᵉʳ avril 1887 (à jour en juillet 1903). 310 pages, cartonné........ 2 50

Instruction du 22 août 1899 concernant les **officiers d'approvisionnement.** 148 pages, cartonné..................... 1 25

Réquisitions (à jour en octobre 1902), 198 pages, broché........... 1 50

Comptabilité générale et marchés. Dispositions spéciales aux comptes-matières. (Volume arrêté à la date du 1ᵉʳ janvier 1903.)
Texte. Cartonné.......................... 1 25
Modèles. Cartonné.......................... 2 25

Tarifs de solde. Décret du 27 décembre 1890, mis à jour jusqu'au 10 mai 1905. — Volume in-8⁰ de 128 pages, cartonné................. 1 »

Service des subsistances militaires. — **Notices** concernant l'exécution des différentes branches de ce service.
Tome Iᵉʳ comprenant les notices nᵒˢ 1 à 9 inclus (à jour en décembre 1901), 680 pages, broché..................... 5 »
Tome II comprenant les notices nᵒˢ 10 à 18 inclus (à jour en octobre 1902), 800 pages, cartonné..................... 6 »

Notice nᵒ 8 sur la fabrication du biscuit de troupe. Notice nᵒ 9 sur la fabrication du pain de guerre. (23 février 1903). Annexe au volume nᵒ 92. 90 pages, broché................. » 50

Solde et revues (Décret du 29 mai 1890).
Texte (à jour en juillet 1904). 270 pages, cartonné................. 2 »
Modèles (à jour en août 1901). 408 pages, broché, 3 fr. 50; relié toile. 5 »

Décret du 13 juin 1903, portant règlement sur le **service de l'habillement** dans les **corps de troupe (Masse d'habillement)**. 254 pages, cartonné.. 2 »

Service de l'habillement (Masse). Annexe au vol. nº 3. 186 pages. 1 50

Règlement sur le service de l'habillement dans les écoles militaires (édition mise à jour des textes en vigueur jusqu'au 15 avril 1897). — Volume in-8º de 100 pages, avec tableaux, tarifs et modèles, broché. *franco*.......................... .... 1 25
relié pleine toile gaufrée, *franco*................................. 2 »

Service du harnachement dans les corps de troupe (à jour au 1ᵉʳ décembre 1899). 226 pages, broché, 2 fr. relié toile.................. 3 »

Instruction du 4 avril 1903 sur le service et l'entretien du **harnachement** dans les établissements de l'artillerie, avec tableaux et suivi de 4 annexes. 46 pages, cartonné.................................... » 50

Règlement du 18 mars 1901 sur le service des frais de route (à jour en juillet 1904). 152 pages, cartonné.............................. 1 25

Instruction du 28 décembre 1894 relative au paiement des indemnités de route lors des grands mouvements d'isolés. — Fasc. in-8º. » 30

Barème pour l'application du décret du 18 mars 1901 sur les frais de route, établi conformément aux prescriptions de la note ministérielle du 19 mars 1893. Vol. in-4º, dos toile.......................... 6 »

Tableau synoptique portant décompte de l'indemnité kilométrique de 1 à 1,200 kilomètres, pour MM. les officiers, les adjudants et les hommes de troupe (imprimé en trois couleurs). — Feuille de 46 c. sur 54 c... 1 »

Mouvements et transports. — **Mouvements de troupe à l'intérieur.** (Volume arrêté à la date du 15 juillet 1904). 64 pages, cartonné..... » 60

Mouvements et transports. — **Organisation générale du service militaire des chemins de fer.** (Volume arrêté au 15 juillet 1904). 64 pages, cartonné.. » 25

Mouvements et transports. — **Transports par chemin de fer en temps de paix. Dispositions communes au personnel et au matériel.** Texte et modèles. (Volume arrêté à la date du 10 octobre 1904). 158 pages, cartonné.. 1 25

Mouvements et transports. — **Transports par chemin de fer en temps. Dispositions communes au personnel et au matériel. Tarifs militaires.** (Volume arrêté à la date du 10 octobre 1904). 62 pages, cartonné.. » 50

Mouvements et transports. — **Transports ordinaires du matériel de la guerre.** (Volume arrêté à la date du 15 septembre 1904). 248 pages, cartonné.. 1 80

Mouvements et transports. — **Organisation générale aux armées. Service de l'arrière aux armées. Service des étapes.** (Volume arrêté à la date du 20 décembre 1904), 170 pages, cartonné........ 1 25

Mouvements et transports. — **Règles militaires relatives à l'exécution des transports. Exercices.** (Volume arrêté à la date du 25 novembre 1904) 270 pages, cartonné.................................. 2 »

TRANSPORTS MARITIMES.

Mouvements et transports. — **Transports maritimes. Dispositions générales.** (Volume arrêté au 1ᵉʳ septembre 1904). 188 pages, cartonné. 1 50

Mouvements et transports. — **Transports maritimes. Dispositions spéciales aux transports entre la France, l'Algérie, la Tunisie, la Tripolitaine et le Maroc.** (Volume arrêté à la date du 15 septembre 1904). 118 pages, cartonné.................................. 1 »

Mouvements et transports. — **Transports maritimes. Dispositions spéciales aux transports entre la Corse et le continent.** (Volume arrêté au 15 décembre 1901). 93 pages cartonné...................... » 80

Instruction ministérielle du 11 décembre 1903 sur les conditions dans lesquelles s'effectue en temps de paix le **transport sur les voies ferrées du personnel** relevant du département de la guerre, **des animaux de l'armée, des voitures, des bagages et du matériel des corps de troupe.** — Brochure in-8° de 80 pages.................... » 75

Les transports ordinaires et particuliers de la guerre. Extrait du traité du 15 juillet 1891 et de l'instruction du 28 mai 1895 (2e édition, annotée et mise à jour). — Brochure in 8° de 36 pages...................... » 60

Livret des fins de parcours en dehors des voies ferrées, approuvé le 5 août 1891. — Brochure in-8° de 72 pages........................ » 65

Instruction ministérielle du 18 août 1902 sur **l'alimentation pendant les transports en chemin de fer** et sur l'organisation et le fonctionnement des **stations halte-repas.** — Brochure in-8° cartonné. » 80

Aperçu historique sur le service des transports militaires, par A. Pernot, capitaine au 10e bataillon de chasseurs. avec un avant-propos de M. le général Tricoche. — Vol. grand in-8° de 496 pages........ 10 »
Ouvrage honoré d'une souscription des militaires de la guerre et des colonies.

Instruction du 1er mai 1897 pour l'exécution des **transports de la guerre par navires de commerce.** — Vol. in-8° de 128 p., broché, *franco*.. 1 25
Relié pleine toile gaufrée, *franco*................................ 1 75

Décret du 14 janvier 1889 portant règlement sur **l'administration et la comptabilité des corps de troupe.** (Edition mise à jour des textes en vigueur jusqu'en juin 1904.) Texte. — Volume in-8° de 214 pages, cartonné.. 2 »

Instruction ministérielle du 29 septembre 1888, relative au commandement et à l'administration des **détachements d'ouvriers militaires et d'infirmiers militaires** aux armées en campagne. — Fascicule in-8° de 16 pages.. » 25

Ecoles militaires. Dispositions organiques et diverses. — 1er volume. (Toutes les écoles, sauf les Ecoles militaires préparatoires et l'orphelinat Hériot) (Volume arrêté à la date du 15 mars 1904.) 528 pages, cartonné.. 4 »

Règlement du 3 janvier 1903 sur l'administration et la comptabilité des Écoles militaires. (Volume arrêté à la date du 3 janvier 1903).

Texte. 134 pages, cartonné.................................... 1 »

Comptabilité en campagne et service de l'habillement et du harnachement en temps de guerre, corps de troupes de toutes armes (à jour jusqu'en septembre 1904). In-8° de 168 pages, cartonné........ » 85

Remonte générale à l'intérieur. (Vol. arrêté à la date du 27 octobre 1902). In-8° de 322 pages.. 2 50

Décret du 20 octobre 1892 portant règlement sur le **service intérieur** (*désigner l'arme*). — Volume in-32, cartonné.................... 1 50
Relié pleine toile gaufrée.................................... 1 75

Décret du 4 octobre 1891 portant règlement sur le **service dans les places de guerre et les villes ouvertes.** 17e édition annotée et mise à jour jusqu'en octobre 1903). — Vol. in 32 de 322 p., cartonné........ 1 »
Relié pleine toile gaufrée.................................... 1 25

Décret du 28 mai 1895 portant règlement sur le **service des armées en campagne** (13e édition, 1903. — Volume in-32 de 204 p., cartonné. 1 »
Relié pleine toile gaufrée.................................... 1 25

Notions de topographie à l'usage des candidats à l'Ecole spéciale militaire de Saint-Cyr, par L. de Bonneval, capitaine d'infanterie hors cadres, professeur adjoint de topographie à l'Ecole spéciale de Saint-Cyr. — Volume in-18 de 100 pages, avec 53 figures et 3 planches hors texte. 2 »

Cours de topographie élémentaire à l'usage des élèves de Saint-Maixent, des candidats à cette école, à celles de Saumur et de Saint-Cyr, par Emile Espérandieu, O. I. ✿. capitaine au 61e régiment d'infanterie, ex-professeur adjoint de topographie et de géographie à l'Ecole militaire d'infanterie, correspondant du ministère de l'instruction publique (2e édition). — Volume in-18 de 368 pages, avec 289 figures, tableaux et cartes....... 5 »

Ouvrage récompensé d'une médaille de 1re classe par la Société de Topographie de France.

Topographie. Cours préparatoire du ministère de la guerre, avec figures dans le texte, tableaux et cartes. — Vol. in-18 de 182 p. cartonné.. 2 »

Cours de topographie, à l'usage des officiers et sous-officiers de toutes armes (armée active, réserve, armée territoriale), ouvrage rédigé conformément aux programmes officiels, par A. Laplaiche, ancien professeur de l'Université (6e édition). — 2 vol. in-32, reliés pleine toile gaufrée... 1 50

Géologie et topographie, étude des renseignements fournis à la géologie et de leur application à la topographie, par Ernest Delaporte, secrétaire adjoint de la Société nationale de Topographie, professeur à l'Association polytechnique. — Vol. in-32 de 56 p. » 50; relié pleine toile gaufrée.. » 75

Guide pratique pour la lecture et le mode d'emploi de la carte d'état-major, par le capitaine Espérandieu, O. I. ✿, du 61e régiment d'infanterie, ex-professeur adjoint de topographie à l'Ecole militaire d'infanterie. — Volume in-18 de 68 pages, avec 6 planches et 58 figures. » 75

Notions sommaires sur l'étude et la lecture des cartes topographiques, par le commandant A. H., avec nombreuses planches et figures (3e édition). — Brochure in-18 de 64 pages...................... ..... « 75

Manuel équestre de MM. les officiers d'infanterie, d'après la circulaire du 22 mai 1900 du général de Galliffet, ministre de la guerre. Volume in-18 de 126 pages.....................................: ...... 2 »

Guide militaire et vocabulaire pratique franco-russe avec la prononciation russe figurée par des sons français, à l'usage des armées de terre et de mer et de la jeunesse des écoles, par Michel Kanner, professeur aux lycées Louis-le-Grand et Charlemagne. — Volume in-32 de 304 pages, relié pleine toile gaufrée.. 2 50

Canevas étymologique du vocabulaire allemand, par le commandant G. Richert, professeur d'allemand à l'Ecole supérieure de guerre. — Volume grand in-8o jésus, de 408 pages, relié pleine toile gaufrée. 5 »

Petit dictionnaire militaire français-Allemand, par W Stavenhagen, capitaine du génie allemand en retraite. Volume petit in-16 de 842 pages, relié toile gaufrée titre or....... 7 50

Petit dictionnaire militaire allemand-français, par W. Stavenhagen, capitaine du génie allemand en retraite. Volume petit in-16 de 766 pages, relié toile gaufrée, titre or....... 7 50

Guide militaire franco-allemand, à l'usage de l'armée, des écoles militaires, des collèges et des sociétés de gymnastique, par Emile Lebert. — Volume in-32 de 134 pages, relié toile..................... 1 50

Manuel français-allemand sur les reconnaissances, d'après le programme ministériel du 30 septembre 1874, avec la prononciation figurée, par Jules Papillon, ✿, professeur de la Société polytechnique militaire, membre correspondant de l'académie de l'Aube. — Volume in-32 de 144 pages, relié toile... 1 50

Armée de terre. — **Manuel français-italien sur les reconnaissances,** d'après le programme ministériel du 30 septembre 1874, par Jules Pa-

PILLON, ✠, membre fondateur de la Société polytechnique militaire. — Volume in-32 de 96 pages, relié toile.............................. 1 50

ARMÉE DE MER. — **Manuel français-italien sur les reconnaissances,** avec vocabulaire, par Jules PAPILLON, ✠, membre fondateur de la Société polytechnique militaire. — Volume in-32, couverture parcheminée.. 1 50

Manuel français-anglais sur les reconnaissances, d'après le programme ministériel du 30 septembre 1874, par Jules PAPILLON, ✠, membre fondateur de la Société polytechnique militaire. — Volume in-32 de 108 pages, relié toile.............................. 1 50

Manuel français-espagnol sur les reconnaissances d'après le programme ministériel du 30 septembre 1874, par A. TAMISEY, vice président de la Société polytechnique militaire et Jules PAPILLON, ✠, membre fondateur de la Société polytechnique militaire. — Volume in-32 de 92 pages, relié toile.............................. 1 50

Vocabulaire de la langue parlée dans les pays barbaresques, coordonné avec le Koran, par le cheikh SI HABIL KLARIN M'TA EL CHOTT. — Volume in-18 de 530 pages.............................. 6 »

Petit dictionnaire français-malgache, précédé des principes de grammaire hova et suivi des phrases et expressions usuelles, d'après les grammaires des Pères missionnaires Weber, Ailloud, de la Vaissière, de MM. Marin de Marre et Froger, par Paul SARDA, ancien fonctionnaire colonial (2º édition, revue et corrigée). — Volume in-13 de 234 pages, relié toile.............................. 2 50

Petit dictionnaire malgache français, par Paul SARDA, ancien fonctionnaire colonial. — Vol. in-32 de 184 pages, relié pleine toile gaufrée. 2 50

Eléments de grammaire de la langue fon ou dahoméenne, suivis d'un vocabulaire et d'un recueil de conversations. par A. BONNAVENTURE, lieutenant d'infanterie de marine. Ouvrage dédié à M. le général Dodds, inspecteur général d'infanterie de marine. — Brochure in-8º de 72 pages.. 2 »

L'achat de cet ouvrage a été autorisé sur les fonds de la masse générale d'entretien (2ᵉ portion), par M. le Ministre de la marine en date du 9 février 1895.

Etude sur l'organisation du personnel administratif de quelques armées étrangères: Espagne, Grande-Bretagne, Etats-Unis, par AUDIBERT, adjoint à l'intendance militaire. — Brochure in-8º de 48 pages. 1 »

Le catalogue général de la Librairie militaire est envoyé gratuitement à toute personne qui en fait la demande à l'éditeur Henri CHARLES-LAVAUZELLE, 118, boulevard Saint-Germain, rue Danton, 10, Paris.

INSTRUCTION

RÉGLANT LES

CONDITIONS D'ADMISSION DANS LE CORPS DE L'INTENDANCE

(*Application du décret du 14 février 1905*).

Paris, le 13 mai 1905.

NOTA. — A titre transitoire, et pour l'année 1905 seulement, les dates auxquelles les demandes d'admission au concours doivent être adressées aux généraux commandant les corps d'armée et transmises au Ministre, ainsi que l'époque des épreuves, restent telles qu'elles étaient fixées par l'annexe nº 1 à l'instruction du 23 mars 1897. Pour le surplus, la présente instruction est applicable dès maintenant, sauf pour les officiers admis au stage en 1904, qui, jusqu'à la fin de la session, restent sous le régime de l'annexe précitée.

Les épreuves du concours d'admission dans le corps de l'intendance ont lieu annuellement à Paris; sauf pour les candidats au grade de sous-intendant de 2e classe, elles sont divisées en deux séries.

Pour les candidats au grade d'adjoint à l'intendance, les deux séries sont séparées par un stage.

Pour les candidats au grade de sous-intendant de 3e classe, les deux séries se suivent immédiatement.

Nul ne peut être autorisé plus de trois fois à se présenter au concours, soit pour le grade d'adjoint, soit pour les grades de sous-intendant de 3e classe et de 2e classe.

CANDIDATS AU GRADE D'ADJOINT A L'INTENDANCE.

ADMISSION AU CONCOURS.

Les officiers qui désirent prendre part au concours formulent une demande qui, revêtue de l'avis de leurs chefs hiérarchiques, doit parvenir au général commandant le corps d'armée, au plus tard, le 1er juin.

Le général commandant le corps d'armée s'assure, par les moyens qu'il juge convenable d'employer et par l'examen des feuillets du personnel, que les candidats réunissent toutes les conditions nécessaires pour entrer dans l'intendance, et, notamment, qu'ils possèdent une connaissance suffisante de l'équitation pour prendre part honorablement à l'épreuve sur cette matière, qu'ils auront à subir à Paris. Tout candidat qui ne répond pas à cette dernière condition est spécialement signalé.

Le général commandant établit un état de présentation conforme au modèle ci-joint, et l'envoie au Ministre (5e Direction, 1er Bureau) accompagné d'une copie certifiée du feuillet complet du personnel de l'intéressé.

Les états de présentation doivent parvenir le 15 juin au Ministre, qui fait informer les candidats de la décision prise à leur égard.

ÉPREUVES DE LA 1re SÉRIE.

Les épreuves de la 1re série commencent le 1er août (le 2 si le 1er est un dimanche); elles sont subies devant une commission composée ainsi qu'il suit :

Un général de division. . . . . *président;*
Un intendant militaire. . . . .)
Deux colonels ou lieutenants-colonels. . . . . { *membres;*
Un sous-intendant de 1re ou de 2e classe. . . . . . .)
Un sous-intendant de 2e ou de 3e classe, *secrétaire rapporteur*, n'ayant pas voix délibérative.

Avec l'appréciation des services militaires, ces épreuves décident de l'admissibilité au stage et forment la base d'un premier classement par ordre de mérite. L'admission au stage a lieu, d'après ce classement, jusqu'à concurrence du nombre fixé par le Ministre, en raison des vacances prévues, de sorte que tous les stagiaires soient assurés de leur nomination dans l'intendance, après avoir satisfait aux épreuves ultérieures.

Les épreuves de la 1re série comprennent :

1° Une première composition écrite, dont le sujet est tiré de l'une ou l'autre partie du programme A, qui fait suite aux présentes dispositions;

2° Une seconde composition écrite, dont le sujet est tiré exclusivement de la deuxième partie du même programme;

3° Un premier examen oral, sur des questions tirées de la première partie du programme A;

4° Un second examen oral, sur des questions tirées de la deuxième partie du même programme;

5° Une épreuve d'équitation.

Le temps accordé, pour la rédaction de chacune des compositions écrites, est de cinq heures.

Les candidats signent leur composition, sous cachet, dans un angle de la feuille, de manière que leur nom ne soit connu qu'après correction et appréciation de la composition.

Pour chaque examen oral, le candidat tire au sort deux questions et dispose d'une demi-heure pour préparer son interrogation; il développe ces deux questions pendant vingt minutes, et dix autres minutes sont consacrées à des interrogations de détail, au choix de la commission.

L'épreuve d'équitation a lieu devant la commission, assistée d'un officier écuyer.

Toutes les épreuves, ainsi que l'appréciation des services militaires, reçoivent une note comprise entre 0 et 20.

L'échelle de notation est la suivante :

Nul.	0
Très mal.	1, 2
Mal.	3, 4, 5
Faible.	6, 7, 8
Passable.	9, 10, 11
Assez bien.	12, 13, 14
Bien.	15, 16, 17
Très bien.	18, 19
Parfait.	20

L'épreuve d'équitation est éliminatoire pour les candidats qui n'ont pas obtenu, au moins, la note 8; cette épreuve commence la série des examens; elle n'entre pas en ligne de compte pour la détermination du nombre des points.

Tout candidat qui n'a obtenu que la note 3 ou au-dessous de 3 sur une partie quelconque autre que l'équitation est éliminé de droit.

Les coefficients attribués aux divers éléments d'appréciation sont ainsi fixés :

1re composition écrite.	15
2e composition écrite.	15
1er examen oral.	15
2e examen oral.	20
Appréciation des services militaires.	15
Total.	80

Nul ne peut être déclaré admissible s'il n'a obtenu, au moins, 1150 points.

ORGANISATION DU STAGE.

Les officiers admis au stage sont détachés de leur corps ou service respectif et réunis à Paris, sous la direction du président du comité technique de l'intendance, pour y suivre des cours spéciaux d'ordre technique et professionnel. Le stage a une durée de quinze mois, du commencement d'octobre à la fin du mois de décembre de l'année suivante.

Les sous-intendants employés dans le gouvernement militaire de Paris, l'ingénieur du service de l'intendance et, s'il y a lieu, d'autres personnes désignées par le Ministre sont chargés de conférences théoriques et pratiques sur les matières ressortissant à leurs attributions ou à leur compétence spéciale. Cet enseignement est accompagné de travaux d'étude et d'interrogations.

Les stagiaires sont inscrits à l'Ecole libre des sciences politiques; ils y suivent un certain nombre de cours dont la liste est arrêtée, chaque année, de concert avec le directeur de l'Ecole, et subissent, sur les matières de ces cours, des examens spéciaux.

Ils suivent un cours d'équitation.

Les officiers ne sont pas montés pendant la durée du stage; ceux qui étaient détenteurs de chevaux les réintègrent ou s'en défont dès qu'ils reçoivent l'avis officiel de leur admission.

Dès l'admission des officiers au stage, les autorités dont ils relèvent adressent leur dossier général complet au président du comité technique de l'intendance, chargé de mentionner, sur ce dossier, les notes obtenues à l'issue du stage et de le transmettre au directeur de l'intendance, sous les ordres de qui sont placés les officiers nommés dans l'intendance.

Les officiers stagiaires reçoivent leur solde au titre du corps ou du service auquel ils appartiennent.

ÉPREUVES DE LA 2ᵉ SÉRIE.

Les épreuves de la 2ᵉ série sont subies devant une commission composée de : deux intendants militaires, trois colonels, un sous-intendant secrétaire rapporteur n'ayant pas voix délibérative, sous la présidence du président du comité technique de l'intendance.

La commission se divise en sous-commissions, auxquelles sont adjoints les conférenciers pour les questions relatives à leur enseignement, l'officier instructeur pour l'épreuve d'équitation, et des officiers désignés spécialement à cet effet pour l'examen sur les langues étrangères.

Les épreuves embrassent toutes les matières enseignées au cours du stage. Elles se composent de trois examens oraux portant, chacun, sur une des trois grandes divisions de l'enseignement : 1° administration générale et administration militaire en temps de paix; 2° services techniques; 3° administration en temps de guerre.

Le président du comité prépare, pour ces examens oraux, un questionnaire dans lequel les questions sont groupées deux à deux, par numéro de tirage au sort.

Chaque examen oral a une durée d'une demi-heure; le candidat dispose librement des vingt premières minutes pour traiter les deux questions qu'il a tirées au sort; les dix autres minutes sont consacrées aux interrogations de détail, au choix de la sous-commission. Les résultats sont consignés dans les procès-verbaux des sous-commissions.

Enfin, les candidats sont autorisés à subir un examen sur les langues étrangères (allemand, anglais, arabe, espagnol, italien, russe). Cette épreuve, facultative, n'entre en ligne de compte, pour la détermination du nombre des points, que si la note obtenue est égale, au moins, à 10 pour chaque langue.

Les coefficients sont les suivants :

1er examen oral	60
2e examen oral	40
3e examen oral	50
Examen d'équitation	2
Aptitude générale	3
TOTAL	155

Langues étrangères :

Allemand	5
Anglais, arabe, espagnol, italien, russe	2

CLASSEMENT DÉFINITIF.

·Le classement définitif est obtenu en tenant compte :

1° Des notes d'admission au stage;

2° Des notes affectées à la 2ᵉ série des épreuves, y compris, s'il y a lieu, celles afférentes aux langues étrangères;

3° Des notes obtenues aux interrogations de fin de cours, à l'Ecole libre des sciences politiques, et dont le total des coefficients est 75; la répartition de ce total entre les diverses matières est arrêtée, chaque année, par le Ministre;

4° Des notes obtenues pendant le stage aux interrogations, rapports et travaux d'étude, dont le total des coefficients, arrêtés, chaque année, par le Ministre, est 125.

Tout stagiaire, qui n'a pas obtenu la note moyenne 14 pour l'ensemble des épreuves, ou qui n'a obtenu que la note 8 ou au-dessous de 8, sur une partie quelconque, est éliminé de droit et renvoyé à son corps ou à son service.

Une feuille spéciale, en double expédition, établie au nom de chaque stagiaire, relate ses notes successives. Arrêtée à la fin de novembre, en ce qui concerne les résultats déjà acquis, cette feuille est placée, au moment des épreuves de la 2ᵉ série, sous les yeux des membres des sous-commissions; elle est ensuite complétée par les résultats de ces épreuves et par l'indication du classement définitif. Les deux expéditions sont adressées au Ministre, l'une pour être classée au dossier personnel du stagiaire, à l'administration centrale, l'autre pour être transmise au directeur de l'intendance sous les ordres de qui il est placé après sa nomination.

En même temps que les feuilles spéciales et les procès-verbaux des sous-commissions, accompagnés des feuilles de notes de chaque examinateur aux épreuves de la 2ᵉ série, le président du comité adresse au Ministre le procès-verbal constatant le classement général.

NOMINATION.

Les stagiaires définitivement admis après les épreuves de la 2ᵉ série sont nommés, en fin de décembre, en une seule promotion, mais par décrets échelonnés, s'il y a lieu, de manière à leur faire prendre rang dans l'ordre du classement.

En cas de mobilisation, les stagiaires sont nommés, sans nouveaux examens, dans le corps de l'intendance. Ils prennent rang entre eux dans l'ordre du classement résultant des épreuves de la 1ʳᵉ série et des notes obtenues dans les travaux exécutés ou interrogations subies depuis le commencement du stage.

CANDIDATS AU GRADE DE SOUS-INTENDANT DE 3ᵉ CLASSE.

ADMISSION AU CONCOURS.

L'établissement des demandes et des états de présentation a lieu dans les mêmes conditions que pour les candidats au grade d'adjoint, mais les demandes doivent être adressées au général commandant le corps d'armée, le 1ᵉʳ octobre, au plus tard, et les états de présentation doivent parvenir au Ministre le 15 octobre.

DATE DES ÉPREUVES.

Les épreuves de la 1ʳᵉ série commencent le 20 novembre de chaque année (le 21, si le 20 est un dimanche); elles décident de l'admissibilité aux secondes épreuves qui ont lieu à partir du 1ᵉʳ décembre.

ÉPREUVES DE LA 1ʳᵉ SÉRIE.

Les épreuves de la 1ʳᵉ série comprennent :

1° Une première composition écrite, dont le sujet est tiré du programme A;

2° Une seconde composition écrite, dont le sujet est tiré du programme B;

3° Un premier examen oral sur la première partie du programme A;

4° Un second examen oral sur le chapitre Iᵉʳ de la deuxième partie du même programme;

5° Une épreuve d'équitation dans les mêmes conditions que pour les candidats au grade d'adjoint.

Les coefficients attribués à ces diverses épreuves sont les suivants :

1ʳᵉ composition écrite.	15
2ᵉ composition écrite.	15
1ᵉʳ examen oral.	15
2ᵉ examen oral.	20
Total.	65

Sont seuls admissibles aux épreuves de la 2ᵉ série, les candidats qui ont obtenu au minimum 910 points.

ÉPREUVES DE LA 2ᵉ SÉRIE.

Les épreuves de la 2ᵉ série comprennent quatre examens oraux portant, les trois premiers, sur chacune des parties du programme B; le quatrième, sur le programme C (1).

Aux notes afférentes à ces épreuves s'ajoute une note d'appréciation des services militaires.

Les coefficients attribués aux notes sont les suivants :

1ᵉʳ examen oral.	50
2ᵉ examen oral.	40
3ᵉ examen oral	30
4ᵉ examen oral.	20
Appréciation des services militaires.	15
Total.	155

CLASSEMENT.

La liste de classement est établie en ajoutant les points obtenus dans les épreuves des deux séries; elle est arrêtée par le Ministre.

---

(1) Le quatrième examen n'aura lieu qu'à partir de l'année 1906 incluse. Par suite, pour le concours de la présente année (1905) le nombre minimum de points exigible pour figurer sur la liste de classement est ramené de 3080 à 2800.

Y sont seuls inscrits les candidats qui ont obtenu 3.250 points au minimum pour l'ensemble des épreuves. Cette liste est valable jusqu'au 20 juillet de l'année suivante exclusivement; les officiers qui y figurent ont droit, dans l'ordre de leur classement, à toutes les vacances revenant au 5° tour et ouvertes par radiation des contrôles avant cette date.

NOMINATION.

Les candidats figurant sur la liste arrêtée par le Ministre, comme il est dit ci-dessus, sont nommés au fur et à mesure des vacances et envoyés aussitôt dans un poste de sous-intendant militaire. En attendant cette nomination, ils continuent leurs fonctions dans leur arme ou service.

CANDIDATS AU GRADE DE SOUS-INTENDANT DE 2ᵉ CLASSE.

ADMISSION AU CONCOURS.

Les demandes et les états de présentation sont établis comme pour les candidats au grade de sous-intendant de 3ᵉ classe et aux mêmes dates.

ÉPREUVES.

Les épreuves commencent en même temps que celles imposées aux candidats au grade de sous-intendant de 3ᵉ classe.

On doit tenir particulièrement compte aux candidats au grade de sous-intendant de 2ᵉ classe de l'expérience qu'ils ont acquise pendant leur carrière, et exiger d'eux la preuve qu'ils sont en mesure de diriger immédiatement une sous-intendance, non en faisant montre d'une culture générale étendue et d'une étude théorique approfondie des matières des programmes, mais en justifiant qu'ils sont préparés par le jugement et l'observation aux fonctions pour lesquelles ils se présentent.

Dans cet ordre d'idées, les épreuves comprennent :

1° Une épreuve d'équitation, dans les mêmes conditions que pour les candidats aux grades d'adjoint et de sous-intendant de 3ᵉ classe;

2° Une composition écrite sur un sujet, d'ordre général, choisi dans la deuxième partie du programme A, et portant sur la législation et l'administration militaires;

3° La rédaction d'un rapport sur une affaire dont le dossier est communiqué aux candidats, avec autorisation de consulter les règlements et le *Bulletin officiel* du ministère de la guerre;

4° Deux examens oraux portant, au point de vue pratique, sur des cas concrets se rattachant aux diverses parties des programmes A et B où constituant une application de ces programmes.

Aux notes afférentes à ces épreuves s'ajoute une note d'appréciation des services militaires.

Les coefficients attribués aux notes sont les suivants :

Composition écrite.	15
Rédaction.	15
Examen oral. { sur le programme A.	15
{ sur le programme B.	15
Appréciation des services militaires.	20
Total.	80

CLASSEMENT.

La liste de classement est arrêtée par le Ministre. Y sont seuls inscrits les candidats ayant obtenu 1120 points, au minimum, pour l'ensemble des épreuves .La liste reste valable dans les mêmes conditions que pour le grade de sous-intendant de 3ᵉ classe.

NOMINATION.

Mêmes dispositions que pour le grade de sous-intendant de 3ᵉ classe.

Le Ministre de la guerre,
Maurice BERTEAUX.

PROGRAMME A

Ire PARTIE.

INSTRUCTION GÉNÉRALE.

CHAPITRE Ier.

DROIT PUBLIC.

I. — Droit constitutionnel.

Constitution de la France. — Historique sommaire des constitutions de la France depuis 1789. — Principe de la séparation des pouvoirs. — Lois constitutionnelles et lois organiques.

Pouvoir législatif. — Sénat. Chambre des députés. Elections. Attributions générales et particulières. — Des lois : caractère, proposition, vote, promulgation, interprétation, abrogation.

Pouvoir executif. — Président de la République. Election. Attributions. — Des ministres. Nomination. Attributions.

Pouvoir judiciaire. — Organisation.

II. — Droit administratif.

Autorités administratives. — Administration générale. — Rôle administratif du Président de la République. — Ministres. — Organisation générale des ministères. — Conseil d'Etat. Organisation. Attributions.

Administration départementale. — Préfet. — Conseil général. Commission départementale. — Attributions administratives des conseils de préfecture. — Sous-préfet. — Conseil d'arrondissement.

Administration communale. — Maire et adjoints. — Conseil municipal.

Matières administratives. — Domaine public et domaine privé de l'Etat. — Vente des biens de l'Etat. — Baux et locations des biens de l'Etat. — Dispositions spéciales au domaine militaire.

Impôts. — Notions générales et divisions. — Impôts directs. Impôts indirects. — Impôts de quotité. Impôts de répartition. — Droits d'enregistrement.

Cadastre.

Douanes. — Contributions diverses et taxes assimilées — Octrois.

Des cas et des formes de l'expropriation pour cause d'utilité publique : principes généraux.

Contentieux administratif. — Décisions ministérielles en matières contentieuses. — Tribunaux administratifs. — Conseil de préfecture. Conseil d'Etat. — Procédure et compétence. — Conflits. — Tribunal des conflits.

Notions sur les dispositions spéciales à l'Algérie. — Organisation administrative de l'Algérie. — Territoires civils. — Territoires militaires. — Organisation judiciaire.

Cour des Comptes. — Organisation. — Attributions.

CHAPITRE II.

DROIT PRIVÉ.

I. — Droit civil.

De la publication, des effets et de l'application des lois en général.

De la jouissance et de la privation des droits civils.

Des actes de l'état civil.

Notions sommaires sur les titres III à XI du livre premier du Code civil.

Notions sommaires sur le livre II du Code civil.

Des contrats ou des obligations conventionnelles en général et des obligations qui se forment sans convention.

De la vente, de l'échange et du prêt.

Du contrat de société.

Du mandat.

Du cautionnement, des privilèges et des hypothèques.

Notions sommaires sur les titres II, V, VIII, XI, XV et XX du livre III du Code civil.

II. — Notions de législation industrielle et commerciale.

Législation industrielle.

Brevets d'invention. — Marques de fabrique. — Dessins. — Répression des fraudes ou de la contrefaçon.

Chambres de commerce.

Des consulats au point de vue commercial.

Juridictions spéciales au commerce.

Conseils de prud'hommes ; Organisation ; Compétence.

Tribunaux de commerce ; Organisation ; Compétence.

Des marchands. — Des fabricants. — Des commissionnaires.

Des courtiers. — Courtiers inscrits.

Commerce intérieur et extérieur.

Douanes. — Entrepôts. — Transit. — Admission temporaire.
Livres de commerce.
Des sociétés de commerce.
Des effets de commerce.
Des banquiers.
Banque de France.
Des agents de change.
Magasins généraux. — Récépissés. — Warrants.
Transport des marchandises. — Transports intérieurs. — Transports maritimes.
Liquidation judiciaire. — Faillite. — Banqueroute. — Réhabilitation.

III. — Du droit criminel.

Des contraventions, des délits, des crimes. — Notions générales sur les peines et leurs effets.

CHAPITRE III.

NOTIONS D'ÉCONOMIE POLITIQUE.

Agents de la production. — Travail. — Capital.
Echanges. — Ventes. — Prêt. — Valeur. — Prix. — Monnaie. — Crédit. — Banques.
Magasins généraux. — Monts de piété.
Propriété. — Rente. — Revenu. — Salaire. — Profit. — Intérêt. — Fermage. — Métayage.
Socialisme. — Patronage. — Coopération. — Syndicats.
Assurances. — Caisses d'épargne. — Caisses de prévoyance.
Consommation des richesses. — Impôt. — Emprunt.
Rôle économique de l'Etat. — Libre échange. — Protection.

CHAPITRE IV.

NOTIONS DE STATISTIQUE ET DE GÉOGRAPHIE ÉCONOMIQUE.

But et objet de la statistique. — Lois statistiques.
Organisation et méthodes de la statistique.
Régions agricoles de la France, leurs caractères différentiels, leurs productions principales.
Production générale de la France en céréales, plantes fourragères et animaux de boucherie. — Centres de culture ou d'élevage. — Rapports entre la production et la consommation.
Production générale à l'étranger.
Production du sel et du sucre en France et à l'étranger.
Importation et exportation.

Groupes de production de café. — Importation.
Culture de la vigne en France. — Régions vinicoles.
Centres de production, en France et à l'étranger, de la laine, du coton, du lin et du chanvre. — Centres de fabrication, en France, des draps et des toiles.
Importance forestière et minière de la France.
Industrie des cuirs.

IIᵉ PARTIE.

INSTRUCTION MILITAIRE.

CHAPITRE Iᵉʳ.

LÉGISLATION SPÉCIALE A L'ARMÉE.

I. — Constitution de l'armée.

Recrutement, rengagements et commissions.
Organisation militaire du territoire.
Composition de l'armée.
Organisation du ministère de la guerre.

II. — Institutions militaires.

Etat des officiers.
Récompenses militaires : avancement, décorations, emplois civils, pensions, gratifications et secours.
Justice militaire.

III. — Dispositions diverses.

Condition civile et politique des militaires.
Actes de l'état civil aux armées.
Actes conservatoires des intérêts civils des militaires.

CHAPITRE II.

ADMINISTRATION MILITAIRE DU TEMPS DE PAIX.

Les candidats doivent s'attacher à bien connaître l'esprit des institutions et le fonctionnement général des services. La connaissance complète du détail administratif n'est pas exigée.

I. — Organisation de l'administration de l'armée.

Règles fondamentales de l'administration de l'armée.
Organisation et attributions du corps du contrôle, du corps de

l'intendance militaire et des personnels administratifs du service de l'intendance.

Organisation et fonctionnement général des services de l'artillerie, du génie et de santé.

II. — Voies et moyens de l'administration militaire.

Ressources financières. — Service des fonds.
Ressources immobilières. — Service du casernement.
Ressources mobilières : moyens d'approvisionnement.
Loi sur les réquisitions.

III. — Règles générales d'exécution et de comptabilité.

Exécution des services. — Gestion directe. — Entreprise.
Comptabilité en deniers.
Comptabilité en matières.

IV. — Fonctionnement des services ressortissant à l'intendance.

Service de la solde.
Service des subsistances militaires.
Service de l'habillement, campement, harnachement, en dehors des corps de troupe.
Frais de route, convois, transports ordinaires, transports généraux, transports maritimes.
Lits militaires, ameublement.

V. — Administration des corps de troupe et services divers.

Corps de troupe.
Ecoles militaires.
Etablissements de la justice militaire.
Service de la remonte.

CHAPITRE III.

RÈGLEMENTS GÉNÉRAUX DE L'ARMÉE

Service intérieur des corps de troupe.
Service dans les places de guerre et les villes ouvertes.
Service des armées en campagne.

PROGRAMME B.

PREMIÈRE PARTIE.

Administration générale et administration militaire en temps de paix.

CHAPITRE Ier.

ADMINISTRATION MILITAIRE EN GÉNÉRAL.

Historique de l'administration militaire.
Historique du corps de l'intendance et des personnels administratifs.
Loi sur l'administration de l'armée.
Attributions du Ministre de la guerre. Administration centrale.
Comités. — Commissions.
Notions sur l'organisation des divers services (Artillerie. — Génie. — Intendance. — Poudres et salpêtres. — Santé.)
Organisation et fonctionnement du Contrôle.
Moyens matériels de l'administration militaire.
Ressources financières.
Ressources mobilières et immobilières.
Moyens d'approvisionnement en général.
Gestion directe et entreprise.
Des marchés. — Diverses divisions des marchés.
Des adjudications publiques.
Des cahiers des charges.
Cautionnements.
Marchés par défaut. — Mise en régie.
Marchés de gré à gré.
Achats divers ou sur simple facture.
Achats à commission. — Baux d'affermage.
Ventes.

CHAPITRE II.

NOTIONS DÉTAILLÉES SUR LE SERVICE DE L'INTENDANCE.

Composition et recrutement du corps de l'intendance.
Composition et recrutement du corps des officiers d'administration du service de l'intendance.
Cadre auxiliaire.
Sections de commis et ouvriers militaires d'administration.

Attributions générales des fonctionnaires de l'intendance militaire.

Décret portant règlement pour l'exécution de la loi sur l'administration de l'armée, en ce qui concerne le service de l'intendance. — Instruction pour l'application de ce décret.

Organisation du service en temps de paix. — Directions de l'intendance. — Sous-intendances.

Suppléants des sous-intendants militaires.

De la rédaction des procès-verbaux.

Attributions particulières des fonctionnaires de l'intendance.

Rôle des sous-intendants militaires au conseil de revision, à la commission de réforme, etc.

Organisation d'une sous-intendance (personnel, bureaux, mobilier, imprimés, cachets, archives).

CHAPITRE III.

ADMINISTRATION DES CORPS DE TROUPE.

Règlements et instructions concernant l'administration des corps de troupe. — Corps spéciaux. — Ecoles. — Etablissements de répression.

Surveillance administrative.

Vérifications sur pièces et vérifications matérielles.

Rapports des sous-intendants avec les corps de troupe. — Feuilles de vérification. — Cas de contestation.

Registres cotés et paraphés par le sous-intendant militaire.

Visas des pièces et registres.

Opérations relatives aux services du matériel.

Centralisation. — Arrêté ministériel en séance du conseil.

Vérifications périodiques et vérifications inopinées de la caisse du conseil et de celle du trésorier.

Recensements.

Revues d'effectif.

CHAPITRE IV.

SERVICE DES FONDS. — COMPTABILITÉ. — DENIERS ET MATIÈRES.

Service des fonds.

Délégations et sous-délégations de crédits.

Paiements et justifications.

Des écritures de l'administration centrale et des ordonnateurs secondaires.

Des comptes.

Comptabilité des dépenses engagées.
Comptabilité des matières.
Matériel. — Nomenclature. — Classement.
Approvisionnements. — Réserve de guerre. — Service courant.
Direction, surveillance et contrôle des services du matériel.
De la responsabilité des ayants charge du matériel.
Des remises et reprises du service.
Des entrées, des sorties et de leur justification.
Emmagasinement et recensement du matériel.
Des livres, des écritures et des comptes.

CHAPITRE V.

SERVICE DE LA SOLDE.

Des droits à la solde.
De la solde proprement dite.
Accessoires de solde.
Indemnités.
Avantages attribués aux rengagements.
Des masses.
Prestations en nature.
Ordonnancement et paiement de la solde. — Officiers sans troupe.
Corps et détachements. — Militaires détachés.
Oppositions sur la solde.
Relevé trimestriel des mandats.
Dispositions spéciales lors de la mobilisation.
Régularisation des dépenses de la solde.

CHAPITRE VI.

SERVICE DES FRAIS DE ROUTE. — CONVOIS. — TRANSPORTS.

Service des frais de route.
Convois sur les routes ordinaires.
Transports militaires par chemin de fer.
Convois par chemin de fer.
Transports ordinaires de matériel non accompagné.
Transports maritimes.
Transports intérieurs à la mobilisation.

CHAPITRE VII.

SERVICE DES LITS MILITAIRES. — SERVICE DU CASERNEMENT

Organisation et fonctionnement du service des lits militaires.

Service du casernement.

IIe PARTIE.

Services techniques.

(Subsistances. — Habillement et campement. — Matériel spécial des services administratifs.)

CHAPITRE Ier.

SERVICE DES SUBSISTANCES.

But du service des subsistances. — Ses grandes divisions.

Historique du service des subsistances en temps de paix.

Deux modes principaux d'exécution : Gestion directe et entreprise. — Avantages et inconvénients de chacun d'eux.

Gestion directe. — Des comptables. — Responsabilité. — Cautionnement. — Personnel en sous-ordre. — Bâtiments et locaux. — Objets mobiliers. — Exécution du service. — Réceptions. — Distributions. — Cessions. — Versements. — Pertes. — Déchets et avaries. — Commissions.

Entreprise. — Principales dispositions des cahiers des charges. — Surveillance des services à l'entreprise.

Comptabilité. — Gestion directe et entreprise.

Du blé. — Monographie du blé : espèces. — Conditions qu'il doit remplir. — Conservation. — Parasites ; leur destruction.

Des moutures.

De la farine : diverses espèces. — Conditions qu'elle doit remplir. — Recherche du gluten. — Insectes : parasites ; leur destruction. — Conservation.

Fabrication du pain ordinaire. — Fabrication du pain biscuité. — Fabrication du pain de guerre.

Vivres-viande. — Appréciation de la qualité. — Procédés pour évaluer le poids du bétail. — Frigorifiques. — Conservation de la viande à court terme. — Conserves de viande. — Salaisons.

Vivres de campagne ou petits vivres. — Riz. — Légumes secs. — Conserves de légumes. — Potages condensés. — Sel. — Sucre. — Café. — Fabrication des tablettes. — Liquides.

Denrées fourragères. — Foins naturels et artificiels. — Paille. — Avoine. — Orge.

Combustibles. — Chauffage et éclairage. — Combustibles employés dans les manutentions.

Valeur nutritive des substances alimentaires. — Falsifications.

CHAPITRE II.

SERVICES DE L'HABILLEMENT, DU CAMPEMENT ET DU HARNACHEMENT.

Historique du service de l'habillement en temps de paix.

Magasins généraux, centraux, régionaux.

Des gestionnaires. — Responsabilité. — Cautionnement. — Personnel en sous-ordre.

Bâtiments et locaux. — Objets mobiliers.

Exécution du service. — Réceptions. — Experts. — Vérificateurs civils.

Commissions.

Marchés de fourniture des draps et des toiles. — Opérations que subissent les draps et les toiles depuis leur entrée en magasin jusqu'à leur sortie.

Marchés de confection. — Délivrance des matières à l'entrepreneur. — Réception des effets confectionnés. — Comptes courants avec les entrepreneurs.

Marchés de fourniture des effets de chaussure et de grand équipement.

Expéditions aux corps de troupe.

Service du harnachement.

Service du campement. — Marchés. — Ateliers de confection en gestion directe. — Tentes diverses et fournitures de couchage auxiliaire.

Comptabilité des services de l'habillement, du campement et du harnachement.

Généralités sur les laines.

Fabrication des draps de troupe. — Défauts généraux de fabrication. — Tares. — Vérification des draps. — Essai des couleurs.

Fabrication des toiles. — Toiles de lin et de chanvre. — Toiles de coton. — Défauts généraux de fabrication des toiles. — Vérification des toiles.

Différentes sortes de cuir employées dans le service. — Généralités sur les peaux et les cuirs. — Principales opérations du tannage. — Défauts généraux des cuirs.

Des bois employés dans le service.

Des métaux employés dans le service. — De l'étamage.

CHAPITRE III.

NOTIONS DE TECHNOLOGIE.

Générateurs de vapeur. — Moteurs à gaz et à pétrole. — Machines et établissements frigorifiques.
Notions d'électricité industrielle.

IIIe PARTIE.

Administration en temps de guerre. — Alimentation. — Ravitaillement.

CHAPITRE Ier.

Administration en temps de guerre. — De l'administration aux armées. — Pouvoirs administratifs des officiers généraux. — Chefs supérieurs de service, leurs attributions à l'égard des corps d'armée et du service des étapes. — Services de l'intendance. — Délégation des crédits.

Administration et comptabilité des corps de troupe en campagne.

Service de l'habillement en temps de guerre.

Service de la trésorerie en campagne.

CHAPITRE II.

MOBILISATION.

De la mobilisation. — Administration des hommes des différentes catégories de réserve dans leurs foyers en vue de la mobilisation. — Affectation des hommes, rôle du service du recrutement et des corps de troupe. — Mode d'appel et mise en route des réservistes et des territoriaux, fascicule, ordre de route, paiement des indemnités journalières de route. — Affectation spéciale. — Non-disponibilité. — Hommes des services auxiliaires. — Mobilisation des corps de troupe. — Habillement des hommes.

CHAPITRE III.

ALIMENTATION.

Alimentation dans les centres de mobilisation.
Alimentation pendant les transports en chemin de fer, stations haltes-repas, infirmeries de gare.

Alimentation en campagne. — Action du commandement. — Attributions des fonctionnaires de l'intendance, intendants d'armée et de corps d'armée, sous-intendants. — Personnel d'exécution, officiers d'administration, officiers d'approvisionnement, train des équipages militaires. — Approvisionnements portés par les troupes ou à leur suite. — Des divers procédés d'alimentation et de ravitaillement. — Exploitation des ressources locales, nourriture chez l'habitant, achats, réquisitions. — Distribution aux troupes, vivres du jour, taux des rations, suppléments, substitutions. — Ravitaillement des trains régimentaires et des convois administratifs. — Alimentation et ravitaillement en pain, boulangeries de campagne. — Alimentation et ravitaillement en viande, service du bétail. — Dispositions spéciales pendant les marches en avant, les combats, les poursuites, les marches rétrogrades, les stationnements de longue durée. — Dispositions particulières à la cavalerie. — Ordres et instructions du commandement et des fonctionnaires de l'intendance en matière d'alimentation, notification des ordres du commandement.

CHAPITRE IV.

ORGANISATION ET FONCTIONNEMENT DES SERVICES DE L'ARRIÈRE.

Services de l'arrière, organisation générale du service des chemins de fer, du service des étapes, du service sur les voies navigables et des commandements territoriaux particuliers. — Organisation des lignes de communication reliant les armées avec le territoire national. — Organisation des routes d'étapes. — Fonctionnement des ravitaillements et évacuations quand il n'est pas organisé de route d'étapes, ravitaillement quotidien et non quotidien en vivres, colis particuliers des corps.—Ravitaillement et évacuations sur les routes d'étapes, service quotidien et non quotidien. — Du service de l'intendance dans les stations-magasins, dans les commandements d'étapes de gare régulatrice, aux têtes d'étapes de guerre, aux têtes d'étapes de route, gîtes principaux d'étapes.

Transports stratégiques, définition et division de ces transports, ligne de démarcation, autorités qui ordonnent les transports stratégiques et qui les dirigent, titres de transport, tarifs, taxe de péage. — Fonctionnement du service du ravitaillement, rôle des gares de rassemblement des stations-magasins, des stations de transition, des têtes d'étapes de guerre. — Dispositions particulières aux transports, en temps de guerre, du matériel militaire sans troupe, demandes d'ordres de transport, établissement des titres de transport, convoyeurs militaires.

Réquisitions en territoire national en cas de mobilisation totale ou partielle de l'armée, des prestations à fournir par voie de réquisition, logement et cantonnement, exécution des réquisitions, règlement des indemnités. — Dispositions particulières aux chevaux, mulets et voitures.

CHAPITRE V.

RAVITAILLEMENT.

I. — Organisation générale du service.

Organisation territoriale et permanente.
Organes permanents : Autorités chargées du ravitaillement. — Comités départementaux. — Commissions de réception.

II. — Modes généraux d'exploitation des ressources.

Voie amiable.
Réquisitions.

III. — Préparation directe.

Détermination des besoins à satisfaire : Armée. — Places fortes.
Réalisation des contingents.

IV. — Exécution.

Rôle des autorités chargées du ravitaillement.
Rôle des maires.
Rôle, opérations, écritures des commissions de réception.

V. — Cas particuliers.

Ravitaillements éventuels. } Préparation et exécution.
Ravitaillements intermittents. }

PROGRAMME C.

CHAPITRE Ier.

LÉGISLATION OUVRIÈRE.

1° Organisation du travail.

Contrat de travail. — Liberté du travail : principes de la liberté du travail; restrictions à cette liberté. — Apprentissage : contrat d'apprentissage; apprentissage à l'Ecole; écoles professionnelles. — Placements : bureaux de placement payants; bureaux et offices gratuits.

Contrat de louage d'ouvrage : preuve et rupture du contrat; délai de congé; dispositions spéciales aux reservistes. — Règlements d'ateliers. — Contrat d'entreprise d'ouvrage; marchandage. — Salaires : modalités; payements; retenues et amendes. — Privilèges et garanties des salaires : insaisissabilité et incessibilité. — Sursalaires. — Participation aux bénéfices.

Régime spécial à certaines industries. — Conditions spéciales du travail dans les exploitations de l'Etat. — Conditions obligatoires pour les entreprises adjudicataires de l'Etat.

Réglementation du travail. — Historique de cette réglementation; réglementation en vigueur pour les enfants, les femmes et les adultes; établissements à travail mixte. — Durée du travail; travail de nuit; repos hebdomadaire; dérogations. — Travaux dangereux; surcharges. — Formalités et sanctions.

Prévention des accidents et des maladies professionnelles; hygiène et sécurité des ateliers et des magasins.

Inspection du travail; dispositions spéciales aux établissements de la guerre.

Groupements professionnels. — Syndicats professionnels; unions de syndicats; bourses du travail. —Contrat collectif de travail. —Coalition, conciliation et arbitrage. — Coopération de consommation, de crédit et de production. — Sociétés ouvrières de production; conditions d'accès aux adjudications publiques; encouragements. — Conseils de prud'hommes. — Conseil du travail; conseil supérieur du travail.

2° *Assurances sociales.*

Régime de liberté et d'obligation; participation de l'ouvrier, du patron, de l'Etat.

Accidents. — Risques professionnels. — Entreprises assujetties; quotités, bases et conditions d'obtention des indemnités; procédure spéciale; fonctionnement et contrôle des assurances; couverture des insolvabilités et fonds de garantie.

Maladies. — Sociétés de secours mutuels. — Régime des différentes catégories de sociétés. — Sociétés approuvées : subventions; placements; taux privilégié d'intérêt; fonds commun. — Union; caisses autonomes. — Caisse de secours.

Vieillesse et invalidité. — Caisse nationale de retraites; attribution des majorations et bonifications de pensions. — Régime des caisses patronales de retraites. — Retraites des ouvriers mineurs. — Retraites des agents des compagnies de chemins de fer. — Retraites dans les exploitations de l'Etat et notamment dans les établissements de la guerre. — Bases générales des projets législatifs sur les retraites ouvrières.

Assurances et secours en matière de chômage. — Régime des assurances sur la vie. — Caisses d'épargne; conditions de dépôt; gestion et placement des fonds.

CHAPITRE II.

AFFAIRES DE BANQUE.

Définition de la banque; classification des principaux établissements de banque. — Théorie de l'intérêt; sa définition, sa justification. — Principales causes de la hausse et de la baisse du taux de l'intérêt. — Etude de l'escompte; son utilité.

Théorie des banques d'émission. — Règles qui doivent présider à leur gestion.

Etude générale de la banque de France. — Principaux systèmes d'émission des billets de banque. — Rapports de la banque de France avec le Trésor. — Règles applicables à l'émission des billets. — Conditions du renouvellement du privilège de la banque de France en 1897.

Principales banques étrangères : leur historique; leurs privilèges; leurs rapports avec le Trésor d'Etat; règles et mécanisme d'émission de leurs billets.

Théorie des rentes perpétuelle et amortissable; règles présidant au mouvement de leur cours.

Théorie des conversions; leur justification; principales conversions opérées en France au cours du XIXe siècle.

Organisation des marchés financiers. — Principales opérations de Bourse. — Report et déport. — Achats fermes et à primes.

CHAPITRE III.

TRANSPORTS PAR CHEMINS DE FER ET NAVIGATION.

1° *Transports par chemins de fer.*

Régime des chemins de fer; exploitation par l'Etat ou par des compagnies concessionnaires. — Cahier des charges des grandes compagnies. — Rôle de l'autorité publique; contrôle de l'Etat sur l'exploitation.

Association financière de l'Etat et des compagnies de chemins de fer. — Subventions; garanties d'intérêts; partage des bénéfices. — Conventions de 1883. — Contrôle financier.

Contrats de transport et exploitation commerciale. — Des tarifs; divers systèmes de tarification; barèmes et prix fermes; soudures; tarifs d'exportation, de transit et d'importation. — Frais accessoires. — Diverses espèces de tarifs : tarif légal et général; tarifs spéciaux; conditions générales d'application. — Formes des tarifs; barèmes à palier et barèmes belges. — Conditions d'homologation des tarifs. — Autorité des tarifs; leurs sanctions.

2° *Transports maritimes.*

Système général de l'inscription maritime. — Régime économique et financier de la marine marchande et des ports de commerce. — Rôle de l'Etat et des chambres de commerce. — Prix de transport et impôts sur la navigation maritime. — Compagnies subventionnées.

3° *Navigation intérieure.*

Les fleuves et les canaux. — Charges et intervention de l'Etat. — Régime de la batellerie fluviale. — Tarifs et conditions de transports.

CHAPITRE IV.

DROIT PUBLIC. — DROIT INTERNATIONAL.

Les personnes du droit international. — Les Etats. — Caractères et divisions des Etats. — Origine, transformation et fin des Etats. — Droits et devoirs des Etats.

Les choses en droit international. — Choses susceptibles de propriété. — Territoire. — Choses non susceptibles de propriété. — Mers. — Navigation. — Eaux territoriales. — Eaux étrangères.

Les rapports internationaux dans l'état de paix. — Représentants des Etats dans leurs relations internationales. — Souverains. — Agents diplomatiques et consulaires. — Relations juridiques des Etats. — Traités. — Des obligations internationales formées sans convention. — Responsabilité des Etats. — Le conflit des Etats ou litiges internationaux. — Solutions pacifiques. — Solutions violentes. — Représailles.

De la guerre. — Déclaration de guerre. — Hostilités. — Conventions de Genève et de Saint-Pétersbourg et conférence de la Haye. — Rapports conventionnels des belligérants. — Effets de l'occupation militaire. — Fin de la guerre. — Préliminaires et traité de paix. — De la guerre maritime. — Courses. — Prises. — De la neutralité. — Droits et devoirs des neutres. — Contrebande de guerre. — Blocus.

CHAPITRE V.

MATIÈRES BUDGÉTAIRES.

Des formes budgétaires en général.

Diverses espèces de crédits.

Des crédits additionnels en particulier. — Leur rôle. — Leur ouverture.

Notions générales sur les budgets extraordinaires. — Leur but. — Leur mode d'emploi.

Des crédits ouverts sans l'intervention des pouvoirs législatifs.

De la règle de l'annalité. — Sa portée. — Ses applications. — Ses exceptions.

De l'exercice. — Ses limites. — Sa prolongation. — De la trésorerie. — Son but. — Ressources au moyen desquelles le Trésor remplit sa mission.

Notions générales sur la liquidation. — Autorités investies du droit de liquider.

De l'ordonnancement. — Son mécanisme. — Ses formes. — Sa portée juridique.

Des pièces de dépense et des pièces de payement. — Leur mode d'établissement.

Des oppositions pratiquées aux caisses publiques. — Leur valeur. — Leur étendue.

Notions générales sur les arrêtés de débet. — Leur valeur juridique suivant l'espèce.

Notions générales sur les contraintes délivrées par les receveurs des administrations financières.

Des quittances à souche et des récépissés à talon. — Leur but et leur valeur propre.

Indications générales sur les diverses responsabilités encourues par les comptables.

Des juridictions appelées à connaître des actes des comptables.

Mode de présentation des comptes.

MINISTÈRE
DE LA GUERRE.

5ᵉ DIVISION.
—
INTENDANCE MILITAIRE.

NOTA. — Un état spé-
cial est établi pour chaque
candidat.
Y joindre une copie cer-
tifiée du feuillet *complet*
du personnel.

ᵉ CORPS D'ARMÉE.

ÉTAT

*de présentation pour l'admission dans le corps de l'intendance
militaire, avec le grade d (1)*

M. (2)

---

(1) Adjoint à l'intendance (état à fournir pour le 15 juin).
Sous-intendant de 3ᵉ classe } (état à fournir pour le 15 octobre)
Sous-intendant de 2ᵉ classe }
(2) Nom et grade du candidat.

NOM ET PRÉNOMS.	GRADE, CORPS OU SERVICE	DATE DE LA NOMINATION au grade.

DURÉE DES SERVICES au 31 décembre de l'année courante. ——— DÉTAIL DES CAMPAGNES et blessures.	APPRÉCIATION DU GÉNÉRAL COMMANDANT LE CORPS D'ARMÉE.

A   , le   19

Le Général commandant le corps d'armée,

Paris et Limoges. — Imprimerie militaire Henri CHARLES-LAVAUZELLE.

Librairie militaire Henri CHARLES-LAVAUZELLE
Paris et Limoges.

REFONTE DU BULLETIN OFFICIEL DU MINISTÈRE DE LA GUERRE

Organisation de l'armée :
1ʳᵉ PARTIE. *Organisation générale* (à jour en août 1901.) 288 pages, broché, 2 fr. 25; relié toile... 3 25
2ᵉ PARTIE. *Cadres et effectifs* (à jour au 1ᵉʳ août 1904.) 434 pages, cart 3 25
3ᵉ PARTIE *Administration de l'armée* (à jour au 25 septembre 1898.) 356 pages, broché, 3 fr.; relié toile................................ 4 »

Personnel civil d'exploitation des établissements militaires. Dispositions relatives aux conditions du travail dans les marchés passés au nom de l'Etat. (Edition à jour des textes en vigueur jusqu'au 15 mars 1904). 342 pages, cartonné.. 2 50

Recueil, en textes authentiques, des lois intéressant l'armée, en vigueur au 1ᵉʳ janvier 1902 (1791 à 1901), 1116 pages, broché, 8 fr.; cartonné... 9 »

Manuel du service des pensions (lois et règlements) suivi de l'instruction générale pour son application (à jour au 1ᵉʳ mai 1904). 414 pages, cartonné.. 3 »

Service des poudres et salpêtres (personnel et matériel) (à jour au 15 mai 1898). 264 pages, 2 fr.; relié toile.................................. 3 »

Lois, Décrets, Instructions et Circulaires sur le recrutement de l'armée (à jour en juin 1902). 636 pages, cartonné.................... 4 50

Instruction du 31 janvier 1902 sur l'aptitude physique au service militaire. 60 pages, broché... » 75

Remonte générale à l'intérieur. (Volume arrêté à la date du 27 octobre 1902.) 322 pages... 2 50

Instruction du 19 décembre 1900 sur le service des remontes et des haras en Algérie et en Tunisie. 226 pag., br., 2 fr. 50; relié toile. 3 50

Remonte de la gendarmerie. (Volume arrêté à la date du 1ᵉʳ novembre 1903.) 16 pages, cartonné... » 25

Réquisitions (à jour en octobre 1902). 198 pages, broché............ 1 50

Instruction du 28 décembre 1895 sur l'administration des hommes des différentes catégories de réserve dans leurs foyers. — Troupe. (à jour au 1ᵉʳ février 1904). 392 pages, cartonné..................... 2 50

Chapitre XIII (refondu) de l'instruction du 28 décembre 1895 pour l'administration des hommes des différentes catégories de réserve dans leurs foyers. 72 pages, broché.................................. » 50

Officiers de réserve et officiers de l'armée territoriale et assimilés. Recrutement, répartition, administration, inspection, avancement, état des officiers, dispositions générales et dispositions spéciales à chaque arme ou service, avec annexe (officiers de réserve des troupes de la marine) et modèles. (Edition à jour des textes en vigueur jusqu'en juillet 1904.) 324 pages, cartonné.. 2 50

Sapeurs-pompiers de la ville de Paris Masse individuelle, tarifs de solde, description des uniformes (à jour au 15 octobre 1896). 92 pages, broché, 0 fr. 75; relié toile... 1 25

Instruction sur le service courant (du 15 septembre 1901) à jour en mars 1904). 388 pages, broché... 2 75

Instruction sur le service courant (annexe nᵒ 1). Dispositions spéciales au génie. 36 pages, broché.. » 40

Service courant. Tableau des pièces périodiques (à jour jusqu'en février 1904). 190 pages, cartonné... 1 25